JN033935

新卒・新人への

ビント

『取り組み姿勢』

田中一男
TANAKA Kazuo

文芸社

目　次

1．まえがき

　本書で伝えたいのは、
1）一般的な社会人通念ではなく、より具体的な仕事の
　　取り組み方
2）今から60歳、いや70歳ぐらいまで企業人として
　　「どのように半世紀を過ごせばよいか」
3）（少々大袈裟な表現になるが）人生設計をどのように
　　設定してゆくか
などなどの取り組み姿勢についてである。

　ベーシックな内容から、あなた方の人生を左右するか
も知れない重い内容まで、具体例（実話）を交じえて説
明する。皆さんが若いうちに、少しでも参考になれば
……と思っている。本書のように具体的な内容をレク
チャーしてくれる機会や上司や先輩も少なく……筆を
執った次第だ。私の経験を踏まえ成功例や失敗例・後悔
例をお話しし、皆さんが失敗しない過ごし方を設計する
一助になれば幸いである。あくまでも本書は参考で、
個々人の家庭環境や皆さんの考え方をベースに、"自分
なりの生活スタイル"を構築してほしい。手前味噌にな
るが、入社早々にこのような具体的な話を聞く機会は少
ないと思う。繰り返しになるが、本書を参考に"皆さん
の人生設計を構築"する糧にしてほしい。

　極論であるが、ケセラセラ（＊）で毎日を過ごされるのも個人の自由勝手だ。が、社会のルール／企業のルールを順守するのは基本である。ケセラセラ的就業でも、自らスキルを醸成しておけばたくさんの／良質な〝成り行き（チャンス）〟が舞い降りてくることだろう。

（＊）〝ケセラセラ〟とはスペイン語で「成り行きに任せて……」との意味で、あまり積極的なニュアンスではない。映画『知りすぎていた男』の主題歌の題名でもある。1956年・第29回アカデミー賞（歌曲賞）受賞。

　新卒入社に際して各企業では入社早々、企業幹部、人事総務などから労務関係／企業組織／勤務管理／企業理念などなどの説明や通達を受ける。さらには、社外専門講師を招聘してビジネスマン／ビジネスウーマンとしての〝マナーや礼儀〟の基本を学ばれると思う。

　社外講師の教育はややもすれば一般的・汎用的で、その企業の風土・歴史にマッチした教育内容かどうかを受講者、すなわち新卒社員皆さんがよく理解と咀嚼をせねばならない。一般的・汎用的な教育の必要性は理解できるが、「何でもかんでも社外講師任せ」にするのは疑問を感じる。その企業内でも〝社風にマッチした〟〝風土に合った〟あるいは〝今の風土を是正するような〟社員教育を行える社員（十分なスキルを持った社員）がいるはずであるのに、より具体的な教育を行う雰囲気が見受

けられない。世間一般的な新入社員教育に加え、より具体的な新入社員教育をもしてあげられればと思う次第である。新卒社員皆さんに対して、「当社として期待する社員像や将来の在り姿」を企業自らも伝えるようなアクションを期待したいところである。

2. MEMOの作成

　人事総務部署での導入教育を終えれば「イザ」配属。配属先職場でも再度導入教育を受けさせてくれるが、職場実務に則した教育に終始し、大所高所的なレクチャーは希薄となる。自ら率先して仕事を覚えようとする新人、逆に受け身的に仕事をこなしてゆく新人とでは、数年経った頃からスキルの差／業務の理解度に差を生じ、後者新人は後悔を生むことにもなりかねない。見方を変えれば「最初に配属される職場風土」「直属上司の指導能力の良し悪し」が新人の人生を左右すると言っても決して過言ではない。

【事例 - 1】

　私が入社後、最初の職場に配属された際に非常に参考になった先輩社員（歳は30歳ぐらい）の話。彼も他部署から1年前に同じ職場に異動してきた人で、着任以来几帳面に"MEMO"を取っていた。それも図・グラフ・数式などを自分なりに分かりやすくかつ綺麗に手帳整理されていたのを覚えている。私もMEMO作成を真似し、それが継続してMEMOを取ることとなったキッカケであった。すでに45年ほど前の話で本書に掲載するMEMO帳の例はない（残念ながら残っていない）。

　その先輩社員のMEMOは、次に示す事例中のMEMO

内容と非常に類似していて「几帳面な人は同じようなスタイルだな」と感じた次第である。

【事例－2】

　ある中堅社員（45歳程度）が私が勤務している部署に部下として異動してきた。大きく職務内容を異にする職場に異動（転勤）してきた時の彼の仕事に対する取り組み姿勢の一端を紹介する。その職場は装置産業的（＊）な職場で、「業務標準」「マニュアル」「プラントの図書類」など完備され、それらを基に導入教育を行っている。彼は教育を受けるたびに、

① 自分用の図書類を作成し

② 現場でも容易に識別や判断ができるように色別し

③ いつでも／どこでも早期に理解や判断できるようにマイMEMOを作成していた実例である。もちろん、一度見聞きすれば脳裏にインプットできる高IQ（知能指数、Intelligence Quotient）の人には当該MEMOなど無用の長物だろうが、彼のMEMOを見て、私は新人時代に同様な自分手帳を作っていたことを懐かしく思い出した（事例－1のこと）。その後管理職になるまで私のMEMO帳はおよそ20冊超あり、今でも保管してある。今では何の役にも立たないが。

（＊）生産工程が大規模な装置で構成され、自動化されている産業。具体的には石油精製プラントや鉄鋼業な

（携帯できる）MEMO帳（その1）　記載内容例

MEMO帳の一例を以下に提示する。携帯するためには、胸ポケットに収納できるサイズ。

手帳サイズMEMO帳
（常時携帯できる）

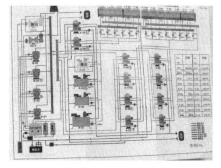

現場設備の全体フロー図
（機器運転の仕方、機器縁切りの仕方、緊急時のライン形成の仕方、……などなどに現場で使える）

ど。一方、自動車・家電などの生産業は組立産業と言う。

新人から2、3年経って先輩に言われたことを痛烈に覚えている。それは「君がメモを取るのは悪くはないが、逆に覚えようとしない短所になるぞ……」であったが、でも私は継続した。ちなみに、その先輩は灘高から東大の高IQだった。

雑情報はさておき自分MEMOを持ち歩くことは、

（携帯できる）MEMO帳（その２）　記載内容例

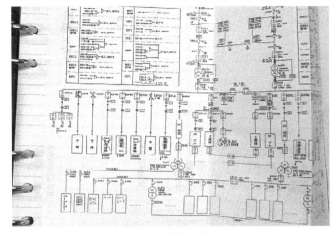

受配電　単線結線図

（常時覚えていられない電力流れを現場で確認でき、IFケース時の操作〈縁切りetc.〉にも使える）

① 書くことで覚えが早い

② 経験が浅いうちは、現場で役立つ

ので、皆さんも参考にしてほしい。使っているうちに
"要・不要""内容の軽・重"を判断してMEMOの中身
を断捨離したりあるいは改訂してゆけばよろしい。

　もし理系業務に就いているなら、自分MEMOの中身
の一つに「単位換算表」を必ず加えてほしい。

　繰り返すが、自分が働く職場風土の良し悪しが、新人
成長を大きく左右する点も忘れてはならない。

（携帯できる）MEMO帳（その3）　記載内容例

燃焼排ガス性状のチェック法
（燃焼排ガス規制値を、運転
データから算出し規制値と
比較する）

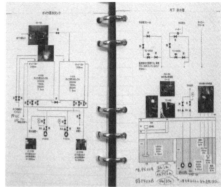

ボイラー系、排水系の重要用役ライン
（現場では分かりにくいラインを図示化し、
管理値などを記載し、定常時・異常時に処
置～対応できる資料として活用している）

3. ドキュメント作成のコツ

1）用紙と記載要領

　入社から配属早々に資料・報告書を頻繁に作成することはないだろうが（ただし最近では３ヵ年育成計画なるものが潮流で、ドキュメント記載やプレゼンする機会が多いかも）、若いうちに／新人のうちにドキュメントの上手な／美しい作成の仕方を伝えておきたい。作成ルールも官公庁や企業によって仕様が多少異なるが、ここでは主に技術系職に従事する新社会人をターゲットに作成の仕方について述べる。

　執筆した内容は公的な規定や業種別ルールを基に作成したものではなく、筆者の経験をベースに常識的な仕様（Specification）を整理したものである。

【用紙サイズ】

　グローバル化が進み、基本はA4サイズ（A2、A3等含む）である。ただし、業種によってはまれにBサイズもある（特に、官公庁）。

【作成年・月・日】

　用紙初ページには作成年月日／所属／氏名／改訂履歴を記載。特段記載場所の強要はないが、一般的に"用紙に向かって右上"に記載。ただし大きな責任を負う可能性があるドキュメントには、あえて記載しないケースもある。こういうケースは、多分上司が指示してくれる

or上司に記載要否を確認した方が賢明である。逆に上司からの指示がなければ大きな問題であるが……。

【ページ数記載】

　報告用紙最下段にページ数を記載する。それも単に1,2,3,4……ではなく「全ページ数のうち何ページ」かを明確にさせる目的で1／5、2／5、3／5、4／5、5／5（全5ページの例）と書く方が好ましい。理由は途中ページ以降（部分的or全て）が紛失や廃棄で欠落した場合、かつ残った最終ページの文末が最終文面だと誤解するような表現であれば、「全てを読んだ」と誤認してしまうのを避けるためである。

【文面構成】

　公的文書、論文投稿など記載ルールが細かく決められているドキュメントを除き、社内の資料および報告書は"起・承・転・結"ではなく、"起・結・承転（承と転をまとめて詳細検討内容としても良い）"で記載した方が読みやすくかつ理解しやすい。なぜなら先に結論を述べてから"それに至った検討、調査事項"を記述した方が、最後の最後まで「何を言いたいのか……」と言われないし、また言われにくい。特に、ここも企業の幹部など上層部ほどその傾向が強い。要は、結論→それに至った判断過程……の順である。ドキュメントのみならずプレゼンの際も同様である。

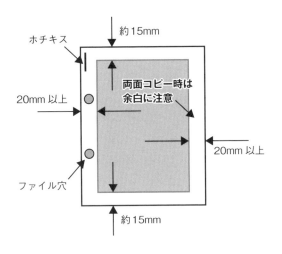

【ファイリング】

　電子情報化と言われる今日この頃ではあるが、やはり重要書類ならびに顧客やメーカーとの議事録などなどドキュメントで保管するケースが多い（良否は別として）。また省資源化のため両面印刷する場合が多い。ファイル綴じ用にファイル孔を開ける際、記載文書の文字まで穿孔しないよう"記載文字左右両端の余白"に留意せねばならない。両面記載（両面印刷）用紙の場合は特に注意を必要とする。

　さらに分厚いファイルに資料がいっぱいファイリングされている場合、読みたい紙面を力ずくで「押し広げる」ような不細工なことのないように、記載時点で"用紙サイズ選定""記載範囲熟考（特に紙面左右）""ファイル穿孔箇所イメージ"など留意しておくべきである。

前ページの続き、

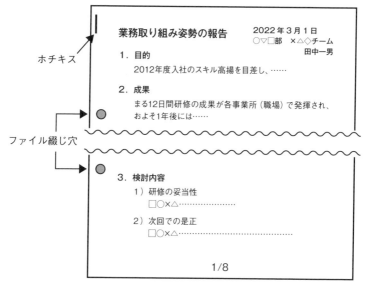

自分なりに"オリジナルな余白設定（＊）"を持ってお
くのも良い。

（＊）参考値として、左右余白は20mm以上はほしい。

「初歩的な内容まで執筆するな」と言われそうだが、意
外と前述のような不細工な事態を散見するものだ。

【綴じ方】

　前述【ファイリング】同様、「初歩的な内容まで執筆
するな」であろうが、紙面の（ホチキスでの）綴じ方も
「基本がなっていない」「読む人の身になって綴じていな
い」のを散見する。

　大半の人が"黙殺"しているが、認めているのでも／

前ページの続き、

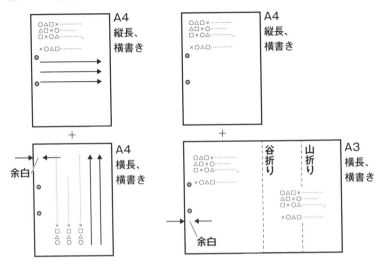

そこまで言わなくてもと思っているのではなく、「力量ない相手だから指摘しても意味がない」と半分諦めているケースが多いように私には感じられる。「どうしようもないから、見て見ぬ振りをする」ことにこそ問題がある！

　具体的かつ常識的な綴じ方は、

① 全ページ用紙規格を統一する（すなわち、A判用紙で統一、あるいはB判用紙で統一）

② 統一した用紙サイズのうち "大きいサイズの紙" は最小サイズ（基本的にはA4、あるいはB4）に折って綴じる

② 折った用紙を "容易に広げられる" ような折り方で綴じる（図中の谷折り、山折り……のように）

意外に無造作に綴じられているのを散見する。

　【ファイリング並びに綴じ方】は図示を参考にしてほしい。

　２）記載の順序

　　社内報告の種類を挙げた場合でも優先度順に、

① 経営戦略会議などで審議してもらう場面

② 部ミーティングなどで定例報告する場面

③ 指示された仕事の（途中or最終）報告をする場面

などなど、重要度／（報告順、報告用紙フォーマット、など）慣習／職場風土／相手の思惑……に応じた手法で報告や答弁をすべきであり、以下にほぼ間違いない報告スタイルを述べる。

　その前に、よく言われる「起」「承」「転」「結」について予備知識として簡単に説明しておく。

「起」句……ブレークスルーすべき課題の背景・目的・必要性を述べる

「承」句……解決のため必要な情報収集や（自ら）検証をし、得られた知見を整理する

「転」句……「承」で得た知見が課題解決に妥当であるか（マッチングするか）を精査する。「承」と「転」は同作業と考えても良い。

「結」句……課題解決の方法を述べる。すなわち、答えを述べる。

【口頭表現の順】

結……まず結論を述べる。

　　　　報告相手（上司など）から依頼・指示された仕事
　　　　ゆえ、相手方も目的・趣旨を把握しているはず。
　　　　なので、いきなり結論を述べて良い。

承、転……報告相手が望むなら、結論に至った調査内容
　　　　や検討経緯ならびに判断過程を述べる。

起……報告相手（複数聴取の場合）の中に目的・趣旨を
　　　　分かっていないメンバーがいれば説明する。この
　　　　場合は「結」の前に「起」を説明する必要がある。

　例えば「白か黒か」問われた課題に対していきなり
「黒です」と報告しても聞いている方はポカーンとする
だけである。例えば「マネジャーから安全運転を確保す
る方法を検討してくれ……との指示にお答えします」と
の“前置き”程度は必要である。

３）簡易報告と正式（ルールに沿った）ドキュメント
【簡素化資料を使って口頭報告】

　A4、1枚程度で説明する場合の資料構成は「起」
「結」「承と転」とし、報告相手全員が目的や趣旨を分
かっていれば、「ご存じと思いますので目的・背景は省
略します……」で進めば良い。

起……「ご存じと思いますので省略します」で良い。た
　　　　だし、資料中には記載必須。

結……口頭報告と同様、先に答えを述べる。

承、転……多量の情報は記載できないので、ポイントを絞
り、重要情報のエキスを説明すれば良い。記述内
容以上の説明要求に対しては口述説明すれば良い。

上司などへの報告方法（ケースbyケースで100%正解ではないが）

① 口頭報告、②（説明のため）簡素化資料で報告、③ 正式ドキュメントを作成……のケースごとに "起～承～転～結" を示す。

① 口頭報告	② 簡素化資料	③ 正式ドキュメント
"結"…まず結論を述べる	"起"…背景や検討に至った理由を記載	"起"…正式ドキュメントは不特定多数
"転 承"…その理由や検討経緯や得た結果etc.を説明	"結"…得られた結果を記載	"承"…トは不特定多数 "転"…の者が閲覧する "結"…ので、順序立て
"起"…何を報告するのか聞く方も分かっているので不要かも	（ここまでで全て分かる） "承 転"…結果の理由や検討経緯や得た情報etc.を記載	て記載する ①と③の順は、 <u>真逆</u>！

⇒ 簡素化資料も正式ドキュメントも「最後まで見聞しないと判断できない～」手法を避ける。まず "良・否" "白・黒" の答えを最初に伝え、大まかに判断してもらう。

これとて相手上司の考え方・知識・経験に左右されるが、大まかには正しい手法！

【正式ドキュメントで説明】

官公庁への届け出、顧客への提出書類、協会・学会な

どへの投稿は、提出先ルールを順守して「起」「承」「転」「結」の順で作成するのが一般的である。

　当該章では「最後の最後まで聴かないと結論・答え・言いたいことが分からない……」という事態を引き起こすのを避けることを最も重要視したいところである。すなわち、結論・答え（どういう方向に進めたいのか把握しながら）を分かった上で口頭説明やプレゼンを聴かせる方が好ましいのである。

　話は少々具体的過ぎるがメール発信文でも「文面を最後まで読まないと何を言いたいのか分からない」ものを散見する。変に〝遜り過ぎ〟〝丁寧過ぎ〟の文面が多く、余計なところに気を使うなら「もっと効率よく、短時間で識別してもらえる文面を発信せよ」と言いたいし、それこそが本質である。

４）書面スタイル（文書フォーマット）

　社内には文書規定（稟議書、申請書、決裁書、許可書、届出書、など）が定められている。特に、重要度が高い文書ほど、「行数」「行間・空白」「タイトル記載」「作成年月日の記入」「発行部署名」「敬語の使い方」「〝以上〟の必須記載」「添付資料の挿入箇所」などなど、明確に決められている。当然、ビジネス文書の基本でもある。

　「面倒くさいな〜」と感じるかも知れないが、不用意に誰かが〝加筆〟〝修正〟するのを防止する目的である。

　一方、業務報告や上司への提出文書さらには会議用資料などには厳格なルールはなく、見やすく、かつ分かりやすい文書構成で良い。これら規定やルールのない書面ほど書面構成／配置／始まり・終わり方に神経を尖らせてほしい。加えて、常日頃から"仕上がり良い文面"を真似るのも上達のコツである。

　日本式のみならず先進国の文書スタイルの種類を参考にし、美しさ、見やすさ、自分の好み……などを加味して自分スタイルを定めてほしい。決めたら踏襲することなく、さらに素晴らしい書面を見たらその都度"是正"していくのもスキルアップのコツ（要領）である。

　ちなみに私はフル・ブロック・スタイル（米国式）が好きである。天の邪鬼かもしれないが、「文章の段落始めに1字を空ける」のは好みでないからである。機会あればPCなどで、国内外の文書スタイルを閲覧してみていただきたい。ただし、規定／ルールがある場合（＊）は絶対に従っている。

（＊）社内重要書類、官公庁届け出書類、協会／学会等への投稿論文など。

4．上手な報告・説明

１）簡にして要を得る

　前述したように簡単な言い回し、短文ではあるが、簡潔明瞭に伝えることは極めて重要であり、大切な執務能力である。報告書はもちろん、口頭表現の場では特段大切なことである。しかし、官公庁や正式論文など表現ルールが定められている場合はルールに従わねばならない。社会人としてのみならず相手を説得する場合、特に上司や顧客との会話・説明・報告……に際して必須なのは、

① 質問の答えになっているか

② 回りくどい表現になっていないか

③ 結論を先に述べる。すなわち「何を言いたいのかよくわからない……」にならないよう

④ 可能な限り、「……と思います」「……でしょうか」「……かも知れません」など、変に遜った表現は相手に不安感を与えかねないので避けた方が良い。日本人のおかしな慣習である。

⑤ ただし、謝罪文／お断りの場面では〝まったり〟表現の方が好ましいケースもある。日本にはまだまだファジーな文化が残っていて面倒くさい。良し悪しは別として。

　とは言うものの、相手の知識レベル／役職／自己顕示

欲の強弱などに応じて臨機応変に工夫することも大切である。

当該内容で参考になる新聞紙面を次ページで紹介する。

簡にして要を得る（難しいけれど）

社会人のみならず、相手を説得する場面、特に上司や
顧客との会話・説明・報告……に際して必須事項。

1. 質問の答えになっているか。
2. 回りくどい口頭になっていないか。
3. 結論を先に述べる（何を言いたいのか先述）。

> 品質 ＜ 納期
> 納期が最優先

4. 「……と思います」「……でしょうか」「かも知れません」
   ⇒「……です」と言い切る。
5. ただし、謝罪・お断りetc.に際しては"まったり"口頭する
   ケースも必要。
6. 要するに「何を言いたいねん」と言われないこと！

論理的に話し説得力を

結論から提示　研修開く企業も ・・・

ワーク
Work

■論理的な話し方のコツ

・この場で自分は何を言いたいのか、メッセージを明確にする。ゴールが見えないまま話し始めると「迷子」になる

・まず結論から始める。時間が限られた会議や企画発表の場では、先に結論を打ち出さないと聞いてもらえないことも

・結論を提示した後で、根拠や補強材料を挙げる。数字や具体的なエピソードを盛り込むと効果的だが、欲張りしすぎないように

・結論が「Aでした」で終わると、聞いている側は「それで？」と思ってしまう。「Aでした、だからこうすべきです」とする

（野村さん、金子さんの話を基に作成）

プレス紙面；「論理的に話し説得力を」【2017年8月29日　読売新聞】
＊記事中の傍線は筆者にて加筆

郵便はがき

料金受取人払郵便

新宿局承認

7553

差出有効期間
2024年1月
31日まで
（切手不要）

160-8791

141

東京都新宿区新宿1－10－1

（株）文芸社

愛読者カード係 行

|l||·||·||·|l·||·||l·|l·||·|l·|l·|l·|l·|l·|l·|l·|l·|l·|l·||

ふりがな お名前			明治　大正 昭和　平成　年生　歳	
ふりがな ご住所	□□□-□□□□		性別 男・女	
お電話 番 号	（書籍ご注文の際に必要です）	ご職業		
E-mail				
ご購読雑誌（複数可）		ご購読新聞		新聞

最近読んでおもしろかった本や今後、とりあげてほしいテーマをお教えください。

ご自分の研究成果や経験、お考え等を出版してみたいというお気持ちはありますか。

ある　　　　ない　　　　内容・テーマ（　　　　　　　　　　　　　　　　）

現在完成した作品をお持ちですか。

ある　　　　ない　　　　ジャンル・原稿量（　　　　　　　　　　　　　　）

書　名							
お買上 書　店	都道 府県	市区 郡	書店名				書店
			ご購入日	年	月	日	

本書をどこでお知りになりましたか?
　1.書店店頭　2.知人にすすめられて　3.インターネット(サイト名　　　　　　　　)
　4.DMハガキ　5.広告、記事を見て(新聞、雑誌名　　　　　　　　　　　　　　　)

上の質問に関連して、ご購入の決め手となったのは?
　1.タイトル　2.著者　3.内容　4.カバーデザイン　5.帯
　その他ご自由にお書きください。
　(　　　　　　　　　　　　　　　　　　　　　　　　　　　　　　　　　)

本書についてのご意見、ご感想をお聞かせください。
①内容について

②カバー、タイトル、帯について

弊社Webサイトからもご意見、ご感想をお寄せいただけます。

ご協力ありがとうございました。
※お寄せいただいたご意見、ご感想は新聞広告等で匿名にて使わせていただくことがあります。
※お客様の個人情報は、小社からの連絡のみに使用します。社外に提供することは一切ありません。

■書籍のご注文は、お近くの書店または、ブックサービス(☎0120-29-9625)
　セブンネットショッピング(http://7net.omni7.jp/)にお申し込み下さい。

　会話の中でよく「数日」「数個」「数人」のような数（すう）を多用する。が、発信者と受け取る側とで"数（すう）"の認識が曖昧である。次項でも述べる"契約や納期"の約束時にクリアにしておかねば、「不履行ですね……」との重大トラブルに発展しかねない。英語では a few ＝ 2、3（少なめの数）、several ＝ 5、6（多めの数）なので、ハッキリと数値で確認しておくのが賢明である。

２）品質と納期

　仕事には「品質」と「納期」を切り離せない。もちろん、高品質を維持し、納期までに仕上げるのがベストであるが、最優先すべきは「納期」である。

① 優れた成果（品質）でも納期（締め切り）に間に合わなければ成果はZeroである。

② 少々希薄な成果（品質）でも納期（締め切り）に間に合えば、取りあえずは「出来た……」ことになる。残りの未完成部は提出後（納期後）に修正or加筆できる。

③ 指示された仕事の納期を必ず聴く。「できるだけ早く」との発言でも"指示側の早く"と"受け取る側の速さ"とに認識の相違があれば、「納期に間に合わず」の失態を生む。重要な指示は、ハッキリ「○月△日まででよろしいですね」と定量的に確認すべし。

例えば、「切符は買ったが（すなわち品質）」、「当日寝坊して乗車できず（すなわち納期に間に合わず）」になるような失態は言語道断。

【事例‐3】
　補助金がらみの顧客営業（顧客提案）で申請期日に間に合わず、顧客に迷惑をかけたと同時に社内で大問題に発展した実話。賢く・優秀・仕事をテキパキこなすスタッフに当該業務を任せた。彼は普段からたくさんの業務をかかえているが、遅滞なく遂行しており、部内メンバー誰一人として"オーバー負荷"だと思わなかった。しかし国への申請手続き期日の4、5日前になって初めて「間に合いません」と告白した。ことすでに遅し……バックアップできない状況であった。温厚な社長が「君が悪い。間に合いそうになければ早く申し出ろ」と発言した。当然の発言で「何が優先するか」を把握していれば当該ミスを免れたろう。ちなみに当該スタッフは東大出の高IQ社員だったが……。

3）上手な（口頭、メール）表現テクニック
　企業幹部への説明／社内依頼文／社内案内文などで上手な伝え方の事例を参考に示す。
　一つ目は、「検討結果の報告」を企業幹部へ説明する場面で、起〜結〜承・転の順に効率よく、好印象で説明

結果を会社幹部に説明する場合
（正式な報告文、官庁etc.への報告……などなど、特異なケースは除く）

	不評な方法	好印象を与える方法
口頭表現	頂きました宿題を"費用対効果"と"法規制"との両面からシステムA、B、Cの3ケースについて検討しました。費用対効果は3者とも有意差はありませんでした。一方、リスク面ではシステムAが最も低いことが分かりました。この両面から精査してシステムAを結論付けました。	検討の結果、システムAを提案します。理由は、3システムA、B、Cの費用対効果を調査した結果、3者とも有意差はありませんでした。その中で、システムAは抱えるリスクを最小限に抑えるシステムだったからです。リスクを優先的に考えたのは、2019年度から厳しく法規制される点を鑑みた結果です。

　した口述例である。"下手な説明"と"上手な説明"を比較参照いただきたい。一目瞭然で良否判断をしていただけるだろう。

　口頭表現の場合で、まず結論／結果を先に言う理由は、聴く人に"終点を先に知らせ、過程・プロセスの話を気楽に／安心して"聴かせるためである。逆に起・承・転・結を順序だてて説明すれば「いつ答えがあるのか、必死に聴取しなければならない」からである。映画／ドラマとは真逆。

　二つ目の例は、「全社へ調査依頼のメール」で、"だらだら文面を記載した"悪例と"結論先行で箇条書きした"善例とを比較してほしい。善例では、最初に「何を

各現場に火災報知器の設置数調査を依頼するメール文（社内へのメール）

	不評な方法	好印象を与える方法
メール表現	平素は本社業務に御協力頂きまして感謝申し上げます。また今般、ご多忙にも拘りませず調査をお願いし恐縮しております。 一年前、雑居ビルにて多数の死亡事故が多発した煽りを受け2019年度より消防法が改訂されます。つきましては弊社業務でもこの様な死亡事故を再発させない為に、管理しているビル内に設置されている火災報知器の設置台数を調査することと成りました。 そこで下記表に現状の火災報知器の設置台数を調査頂き、各部長宛てご送付頂きたいと思います。ご多忙中ですが、2018年3月30日までに必ず到着する様にお願いします。	ご多忙とは思いますが、現状の火災報知器の設置台数の調査をお願いします。 １．調査結果を添付表に記載し ２．2018年3月30日　必着で ３．各部長宛て送付下さい。 調査理由は、 １）一年前に雑居ビルで発生した火災死亡事故を受け ２）2019年度から消防法が厳しくなる ３）弊社で管理しているビルで発災させない為に、先ず現状の設置台数を把握し ４）不足であれば設置台数etc.を増強させる検討資料に使う為です。 宜しくお願いします。

すべきかが即座に分かる」が、悪例では「羅列書きのためポイントも分かりづらい」「最後まで依頼内容を識別できない」欠点がある。

　口頭表現と同様、ディスティネーションを最初にクリアにすれば、背景・理由・目的をもスムーズに脳裏にインプットされる。ダラダラとした文面は、場合によって

は「無駄な前置きを読まされた」と不快に感じる人もいるだろう。特にダラダラ文を羅列するのは避け、「重要事項」「納期」「報告先部署名」などを箇条書きにし、見やすくすることも極めて大切である。丁寧で／過度に遜った文章は冒頭の一行だけで良い。

　忙しい現場では5W1Hを早く的確に認識すれば、背景や理由までは要らないケースがあるかもしれない。依頼された側に気持ちよく調査、返信させる配慮も大切である。

4）敬語の使い方

　パーフェクトに敬語を使いこなすのは至難の業であるが、「正解を知っている」のと「全く知らない」のとでは雲泥の差である。新人向けのマナー教育で教えられる機会も多いと思うが、念のため記載しておく。敬語の使い方は、「ビジネスで使う敬語」などのキーワードをインターネットで検索すれば潤沢に閲覧できる。特に、多くの口頭場面で散見されるのが「お」とか「ご」の多用である。例えば、

「お伺いします」「ご説明します」であり、アナウンサーや政治家でも多用が散見され、自分の発言に「お」「ご」を付けるのか……と言いたくなる。ここで実話を紹介すると、

○　定例会議で、若手社員の発言時に多用していた際

29

間違いやすい敬語

自分のアクション		上司、お客様のアクション	
間違った表現	正しい表現	間違った表現	正しい表現
ご報告します…	報告いたします	報告ください…	ご報告ください…
ご説明します…	説明いたします	説明ください…	ご説明ください…
ご提出します…	提出いたします	見て頂きます…	ご覧いただきます…

● 自分の行動・アクションには "ご" を付けない。
● 上司、目上、お客様の行動・アクションに "ご" を付ける。

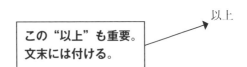

以上

この "以上" も重要。
文末には付ける。

(私も少々気になっていた)。

○ 我慢しきれなくなったのか、社長が「自分の発言に
"ご" を付けるのは聞きにくい」と発言。体育会系の
社長でマナーに煩^{うるさ}い一喝であった。

　敬語／謙譲語／丁寧語の使い方の良否を例示したので
参考にしていただきたい。細かい点を指摘すればきりが
なく、「お」and ／ or「ご」付加よりも本質を追求する
方がよろしいかと思う。ただ「正しい使い方」を知って
おく方が恥をかかない。本当に日本語は面倒くさい。英
語圏ではたった26文字で事足りるのに、日本では「ひ
らがな」「カタカナ」「漢字」「ローマ字」があり非効率
的だ。

5）報・連・相（報告／連絡／相談）

　私も入社早々から報・連・相をよく聴いたし、指導／教育された記憶がある。いずれの企業もある意味、報・連・相で生業が成立していると考える。すなわち、企業理念／経営理念をベースに企業行動計画を策定→各部署の活動計画→個人レベルの行動計画を立て、期末に各階層の成果を報告する。これら全て報・連・相を実践している事である。

　しかし報・連・相の必要性が真に問われるのは非常事態／緊急事態の際である。すなわち、事故／トラブル／クレーム等ややもすれば隠ぺいしたくなるようなor恥になるような結末の事象である。

　これを情報公開し、企業ダメージを最小限に抑え、再発させないためには、報・連・相はとても大切な行動である。

　このようなイレギュラー事象だけでなく、社員一人一人にとってみれば指示された仕事の方向性を誤っていないかの確認のため、適宜成果物を上司に報告し、差異が生じていれば相談や再指示を仰ぐのにも有益な手段である。

　何でもかんでもイチイチ報告や相談するのは面倒くさい……と思うかも知れないが、穿った考え方をすれば機会あるごとに報告し／連絡し／相談しておけば「あの時○○と伺ったでしょ」「○○の御指示を受けましたよね

……」と責任を転嫁でき、自己保身できる。そうまでも
して自己保身したいのかと問われるかも知れないが、
「そういうふうに考えれば報・連・相の機会を増やせる
でしょ」と言いたい。逆にそのような（少々穿った）考
えのもと、報・連・相を実践せねばならない風土／雰囲
気になっている企業は少々病んでいるのかも知れない。

　ややもすれば大企業ほど面倒くさい報・連・相を実践
せねばならないが、常に習慣付けタイミング良く実践し
てゆけば、企業も自分も方向性を間違わず／効率的で／
最悪事態を防止できるだろう。絶対やってはならないの
は"直属上司をバイパス"しての報・連・相であり、そ
のような失態をしてしまうとパワハラを受ける原因にな
るかも知れないので注意を。
"報・連・相"の記事は、PCなどで調査すれば潤沢に閲
覧できるので参考に。

6）プロジェクトやワーキングでのまとめ役

　それなりに経験を積んで、数名（severalの5、6名）
で構成されるプロジェクト・リーダーあるいはワーキン
グ・リーダーを任された際の留意点をも述べておきたい。
プロジェクトやワーキングでの活動は、往々にしてリー
ダーを含め2、3名ぐらいが活動し、残りの3名程度は会
議には出席すれど実務をほとんどこなさないことが多い。
それを避け、メンバー皆が平均的に実働する（すなわち

平均的に負荷を掛ける）ように心がける点を列挙する。

① 会議前には"アジェンダ（議題）"をメンバー全員に周知させ、事前検討が必要な場合には個人個人に5W1Hを示す。

② メンバー全員に作業分担を明示する。ましてや、それなりに成果を出さねばならないテーマについてはそれぞれの分野に精通したメンバーを任命することも必要だろう。

③ 毎回の会議には、「次回までの課題」「次回開催の日程」に加えて、「個々人がこなすべき課題」を明確にする。つまり、メンバー全員に必ず宿題を与える。

④ 会議前に予備知識を植え付けるために"検討内容"を事前入手し、会議前に全メンバーに渡し、"予習させる"ことも必要である。

⑤ 節目節目に"途中成果"を社幹部への報告（目指すところの是正対策にもなる）も必要である。

⑥ さらに"幹部への中間報告結果"を、次回会議までに事前に連絡することも必要である。

　総括すると、目指すところをクリアにし、完成納期を定め、メンバー皆に負荷を掛けることが必須である。そうすることで、メンバー皆が「やる気」「達成感」を得られ、リーダーを務めた貴方も高評価を得られるだろう。リーダーを真面目にこなすのも結構シンドイものである。

5. 将来設計・人生設計

1）進む路の設計（進みたい路を選ぶ）

　あれもこれも学ばねばならない事項がたくさんある。得手不得手、あるいは持ち得ている知識・性格にも影響されるかも知れないが、決して焦らず／必死にもならず／コツコツ……積み重ね続ければ、必ずや成果が得られる。

　　○　自分の成長をベース（まず第一）に
　　○　企業の成長・発展・健全経営に資するよう
会社生活を送ってほしいものだ。

　そのためには、

① 将来ビジョン（自分の人生設計、サラリーマン設計／サラリーウーマン設計）を描いておく。

② 今従事している仕事を日々真面目にマスターし、自分のものにする（将来必ず役に立つ）。

③ 社会的地位、資格取得など目標を持つ。それも"高い目標を"持つ（自分のレベル、能力を前提に低い目標を設定すれば、その目標すら達成するのは難しくなる）。

④ 若いうちは活気があり過ぎてエキサイトするときもあろうと思うが、客観的・クールな見方／常に俯瞰的な見方を訓練する（小異に囚われず、大局を見る努力を心掛ける）。

⑤ （顧客、上司、同僚、さらには部下に拘らず）話をよ

く聴く努力も惜しまないことを忘れず、長い人生／
計画立てて／コツコツ……取り組む。
人生設計／社会人設計の立て方の参考を以下にメモする。

○ 55〜60歳頃を目標点とし（その年齢にこだわら
ないが……）。

○ それを達成するための行程（いつ、どうなってい
たいか）を逆算or逆行程を創る。
例えば、60歳で幹部を最後に退職し、以後悠々自
適……など。

⇩

○ 55歳までには子供全員を独立させる（欲しい子供
人数をも計画に）。

⇩

○ 30歳までに結婚し、早々に子供を授かりたい（計
画と言うより、思いかも）。

⇩

○ 30歳までに（すなわち独身のうちに）高度な資格
取得を終えておく。ただし、経験年数などを要求
される資格は別として。

計画は理想的（もともと不可能な内容は論外として）で
結構。しかし経年と共に家庭問題（子供の養育、50歳
を超えて親の介護……など）が始まり、自分の時間を取
れない理由が多く発生し悩む。

二十歳前半に立てた計画は、およそ3年ごとに見直し、

当初目標をクリアすべく行程に是正する。この是正は"楽な方向への見直し"ではなく"より厳しい計画"へと変わってゆくことが危惧される。

　したがって、若いうちは見直し間隔を短く取る（例えば、1年ごとに）方がベターと考える。

　企業人になった以上、高い職位を目指すのは誰しも一緒だと思う。次ページの図（"将来、自分の進む路〈ポジション〉"）は、勤める企業やグループ企業で働く場合の現在の位置づけ、さらには関係する協会（同種企業の集団）や統括機関である行政（官公庁）や生業をより深く探究する大学・研究機関までを示したものである。

　まず最初に、働く企業で上層部を目指すのが一般的であろう。目指すのに必要なスキル・諸部署とのコネクション・自己アピール……などなど一層の努力は必要であり、現企業の風土・社風にマッチした出世術をも学ばねばならない。

　第二に、自分の能力や体力から一般管理職ぐらいが妥当と判断している人は、日々真面目に業務し協調性を欠かさず企業に貢献すれば良かろう。ただし、将来的に僻んだり／妬んだりを絶対にしてはならないのは言うまでもない。

　第三に、何の希望も欲望も持たず、毎日平穏に過ごせれば満足な人もいるかも知れない。例えば"うちは資産家で、あるいは将来親の企業を継ぐ"ようなケースが該

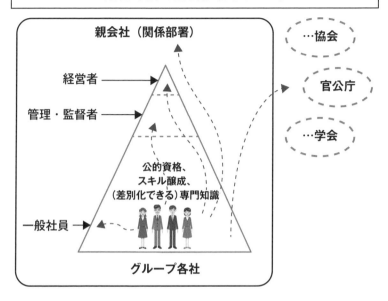

将来、自分の進む路（ポジション）

親会社（関係部署）

…協会

経営者

官公庁

管理・監督者

…学会

公的資格、
スキル醸成、
（差別化できる）専門知識

一般社員

グループ各社

当するかも知れない。このケースでも将来に向け"多面的な知識""将来コネクション形成が必要"などのスキル醸成が重要だ……と考え、日々就業し続けるのが賢明である。

　第四に、現風潮としてブレイン（頭脳）業務は親会社が推進し、実働はグループ企業（関係企業）に任せる傾向にある。ますます親会社との関連・コミュニケーションが必要となってくる。その中で、スキル醸成・業務遂行能力向上・専門知識醸成を培ってゆけば親会社ミッションまで任される機会が生じ、頭角を現すことも不可

能ではない。グループ企業全体で高評価を得るチャンスも夢ではない。

　第五（最後）に、自社業態の法整備や規制確立など行政への関わりも進路の一つである。専門性を追求してゆけば機会が広がる。また、大学や研究機関にて企業将来を開拓する進路もある。当該進路は自社の許諾を必要とするだろうが、業界に／グループ企業に、あるいは国全体に貢献できる場でもあり視野を広く／グローバルに活躍できる機会を摑むことも夢ではなかろう。ある意味、自社の最高経営者に昇り詰める以上に努力が必要かも知れない。

　ここで言いたいのは、「就職した企業で一所懸命働くのは当然であるが、たまには広い世界を眺めることも非常に重要である」。

２）企業規模の怖さ

　私の装置産業での業務の中で協力会社や中小企業への業務委託の機会を多く経験してきた。その中で強く印象に残るのが、中小企業といえども技術レベルや情報把握力は大規模企業をしのぐ高水準であった点だ。

　次ページの表「大きな業務の中の歯車の一つ」に示すように大企業は組織・チーム・グループとして業務することが多く、一人に任され、終始必死で取り組む機会が少ない。良し悪しは別として大企業はそういうものであ

大きな業務の中の歯車の一つ

報酬、福利厚生、快適性、やり甲斐、向き不向き、……等の評価は重要であるが、それとは別の見方をすれば……。

【大企業で働く】

良いも悪いも、大企業です

一歯、一歯が社員であり、仕事
↓
大きな事業の中のほんの一部を担務し、視野・知識・世間動向etc.狭くなるリスク

範囲に囚われず、分野に拘らず何にでも取り組み・チャレンジする

【中・小企業で働く】

一歯、一歯が社員であり、仕事
↓
何にでも取り組まされる
（技術屋でも資金繰りまで……）
多岐分野の知識・スキルが養える

何を言いたいか……
会社の "やるべき仕事、採るべき資格" をクリアしつつ、色々な知識・スキルを身に付ける！！！

る。逆に中小企業、特に小企業では何もかもに取り組まされ否応なしに自然にスキルが醸成される。この差はどうしようもないが、大企業で働く者、特に若年者や新卒者には早いうちから "そういう事実を知らしめ"、多岐多面にわたるスキル醸成を心掛けることを認識させるべきである。折を見て "一人だけで業務（テーマ）に取り組ませる" ことも重要である。

　最近では「パワハラ」「セクハラ」を極度に怖がり、「心から成長させよう」「育成させよう」との思いを抱く

企業規模 / 社員成長具合	20 ～ 30人以下の企業	200 ～ 300人以上の企業
社員一人一人の能力	一人が抜けるとB.C.P.に問題。一人一人が重責を担っている。	一人二人抜けても大きな支障に成りにくい。「もし……」の際、次席者が現れてくれる。
スキル醸成具合	一人で多職種をこなす必要性。一人一人がハイレベルな専門性を醸成できる。	組織・グループの一員として従事するので、専門的スキル醸成の機会が少ない。自助努力をしないと醸成が難しい。
待遇	業種、景気により大きな差。福利厚生面が貧弱。	世間の平均的な待遇。景気や世間情勢に影響されにくい。福利厚生面で恵まれている。

上司、先輩が減っているのも事実で悲しい限りである。

【事例－4】

　昭和60年頃、ある化学製品の精製業務を社員数20名ほどの企業に委託していた際の実話である。2、3ヵ月ごとに両社の定例会議を実施しており、あるミーティングの際に両社とも新卒社員一人ずつを同席させた。"偶然二人は小・中学校の同級生"、"弊社側新人は国立大学（旧帝大）卒、相手側新人は某私立大学卒"だった。ミーティング後、弊社側の新卒社員が、「同期ですが、彼は成績悪かったですわ……」と言っていた。言われて

みれば相手側新卒社員は終始無言かつウツムキ加減だったのを覚えている。ところが相手側新卒社員は数年（2、3年）経った頃には"風格が出て""堂々と発言し"、"経済情勢や製品市場動向をよく知る"ように成長していた。その理由は簡単で、①委託された作業のみならず②金銭繰り／価格交渉／新卒採用業務……などなどいろいろな業務を一人でこなしてきたからである。一方、弊社新卒社員は数年経っても"相も変わらず同じ業務ばかり"で、二人の差の拡大に驚くと同時に、企業規模の怖さを思い知ったのだ。一概に「全て企業規模の差が事例のような力量差を生じる」とは思わないが、痛烈に感じたのは、①学校の差ではなく②企業に入ってからいかように育てられるかor自助努力するか……が非常に重要かつ怖いものだと知った。

【事例-5】

　私自らが経験した良い例を（二つほど）紹介する。

　入社半年後頃、難しいテーマを課長から指示された。何の疑問も持たず、在職する課の定例業務をこなしながらおよそ6ヵ月ほどかけて最終報告に至った。途中①毎週、専門書店に行き、課題解決の参考になる機械系専門図書を探しまくり②馴染み薄い製造現場に出向き、根掘り葉掘り現場を知ることもやり③定期的に課長に途中経過を報告し……を繰り返した。6ヵ月ほど経って、「完

成したと思います」と、ページ数60枚ほどの報告書を提出した。その際課長がおもむろに引き出しの中から資料を出し、資料内容と私が提出した資料とを比較しだした。そこで初めて"既に解決済みの課題をあえて私にさせたのだ"と気づいた。すなわち、①周知の課題を②あえて新人の私にやらせ③解決能力を試していた……のだった。知力／忍耐力／人とのコミュニケーション能力などを試し、育成していたのだった。課メンバー、現場管理監督者は皆、「やらされていることを知っていた」のだった。こういう教育の仕方もあるのだ……と新人ながら感心し、自信が付いた記憶がある。

　その後息継ぐ暇もなく別の課題を与えられた。それは周知のテーマではなく"真に困っている内容"であった。この課題に対しても前回同様、大変な努力と忍耐を加え完成させた。その内容は、必要発生ごとに"海外ライセンサー（＊）に依頼する"業務を自社で解決できないか……との課題である。このテーマもおよそ半年強かけて解決し、ライセンサー企業に支払う検討費（依頼費）を削減させたのだった。

（＊）ライセンサー（Licenser, Licensor）；許諾者。本書では、特許の所有者のこと。

　　　ライセンシー（Licensee）：受益者。本書では、特許の使用者のこと。

→ この2テーマ紹介で伝えたいことは、

 i ）丁寧に基礎から積み重ね教育してゆく方法に加え

 ii ）少しハードルの高いテーマも与え、スキル醸成／解
　　決力向上／達成感の教授

の両面が必要かも知れないということ。これとてケース・バイ・ケースで、あまり負荷をかけると「すぐに退職してしまう」リスクがある。最近の上司／管理職／企業は大変だと思う一方、逆に生ぬるい育成プロセスを採るから「嫌気を起こし、将来に不安を抱かせ」、早期退職の一因になるのではないだろうか。

3 ）計画立てて武装する

　入社後から定年までの"業務量""責任負荷"について図示（"将来のスタンスvs地道な積み重ね"）とともに変遷を述べる。

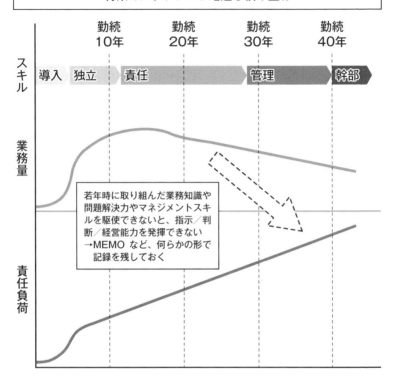

将来のスタンス vs 地道な積み重ね

勤続10年　勤続20年　勤続30年　勤続40年

スキル

導入　独立　責任　管理　幹部

業務量

若年時に取り組んだ業務知識や問題解決力やマネジメントスキルを駆使できないと、指示／判断／経営能力を発揮できない
→MEMO など、何らかの形で記録を残しておく

責任負荷

① 入社3年目頃までは（一般的に）導入教育期間で、教わり、学ぶ期間である。

② その後、入社10年目頃まで、一人前として立派な一社員として業務する。

③ 10年目以降、20年目までは適当数の部下を持ち、責任ある業務と同時に人事総務的な業務（すなわち、部下の人事考課）もこなさねばならない。

④ その後10年程度経てば、管理職／幹部へと昇進して
　ゆく（してほしい）。この役職になればほぼ全て "部
　下に仕事を任せ" "成果を得るための指示" や "成果
　を称える仕事" がメインとなる。

⑤ 図示したように、経年と共に "業務量が減り"、"マ
　ネジメント量" "責任量" が大きく増える。

⑥ 管理職／幹部になればなるほど、"指示力・判断力・
　決断力" が要求される。

　何が言いたいのかを述べれば、若いうちから "日々仕
事に真剣に取り組み"、"自分のものにしておく" ことで
指示力・判断力・決断力の良否が分かる。すなわち、い
かに若いときにスキルを培ったかが問われる。また、い
かなる業務も将来役立つと、脳裏に記憶しておくべきで
ある。

　まとめると、

○ 30 ～ 40年の企業生活では、多種多様な業務に就く。
　自分勝手に「これは関係ない」と決めつけず、必ず
　自分のものにしておく。

○ 50歳前後になって、「あの時……しておいて良かっ
　た」と思えるよう、逆に「あの時……しておけば良
　かった」と後悔しないよう、日々業務に真剣に取り
　組むこと。

○ 加えて、公的資格も計画的に取得してゆくこと。そ
　れも高度な資格を目指す。でないと、部下に「資格

を取れ」「何年チャレンジしている」など偉そうなことを言えない。

　ここにMEMOしたような内容は上司・先輩、ましてや同僚など誰も教えてくれない。たとえ知っていても、「社員皆が競争相手」ゆえ、伝授してくれることはないだろう。「嫌な世だ」と感じるかも知れないが、今に始まったことではなく、「勝つか負けるか」である。自ら計画立てて、努力するしかない！　それがベストな実践であり、後々後悔しないだろう。自分で自分自身を磨く！　さらに嫌な点を述べれば、策定した人生設計or将来計画は思い通り／絵に描いた通り順調に進まない点である。その原因は、

① 結婚し、子供を授かれば幸せであるが、家庭中心の生活スタイルに変わり自分磨きの時間が減る。

② 子供に手が掛からなくなれば、次は親の面倒見が始まり自分磨きの時間がなくなる。

などなど。「……したいが、時間がない」との理由／言い訳がいっぱい増えてくる。本当にできないのか？　理由を付けてやりたくないのか？　疑問である。比較的余裕ある若い時期に"自分磨きに精力を注げば"家庭サービスも親の面倒見も要領よく／効率的にこなす術を身に付けられるはずである。一事が万事、「一つを上手くこなせれば、あらゆることを上手にこなすことができる」

と考える。

ここで素晴らしい事例を二つ紹介する。

【事例 -6】

　私が50歳過ぎ、部下であった彼（国立大学大学院卒で博士号取得にチャレンジ、英会話堪能、現場メンバーからも高信頼、酒豪で現場メンバーとも頻繁に飲み歩く人材）が突然、「退職し弁護士を目指す」と言い出した。当時彼は39歳で二人の子供さんはまだ小学生だった。彼の思いは強く、結局退職し法科大学院に通い司法試験に3回チャレンジしたが残念ながら目的を果たせなかった。当時〝残念会〟と称して二人で飲み会を催したがこの時ばかりは珍しく〝終始グチ〟ばかりだった。その後、なかなか職が見つからなかったが、ある転職サイトがキッカケで〝最先端かつグローバルな企業〟に出会うことができて、ハッピーな結果となった。

　その企業はiPS細胞を中心とした多能性幹細胞に関する幅広い技術特許を全世界に提供（ライセンス）する企業で、有能な社員10名強のブレイン集団企業だった。そこで10年ほど経過した今、社長に就任するまでになった。何を言いたいかと言えば、弁護士の思いは叶えられなかったが、多くのスキル武装をしていたことで〝得意分野を活かせる仕事に就けた〟点である。すなわち、若いうちに多面スキルを準備しておけば湧き出てきたチャン

スを躊躇なく取り込め、その組織で活躍し、トップに昇れる……ことを証明した。いまだに交流させてもらっている。

【事例－7】

　人材不足／退職者増加の中、キャリア採用で入ってきた彼（中学卒、入社時25歳）の実話である。通常通り、数日間の導入教育の後、職場配属となる。技術系現場職で先輩について実務教育を受ける。彼の導入教育の際、休み時間でも何やら勉強していて、「何を勉強しているの」と問うとすでに電験三種（第三種電気主任技術者）の受験勉強だった。別の機会に彼の考え方・計画を問うと、「電験三種、電気工事士1種、エネルギー管理士（電気）、電験二種を5年以内に取得したい」と答えてくれた。さらに深掘りすると、「最終目標は電気系の技術士取得です……」。さらに、「訳あって中学卒で、先の企業で高卒資格も取りました」とさりげなく答えてくれた。勉強中のノートを見せてもらうと、なんと“整然とまとめられ”“綺麗に書かれて”あった。また人柄も良く／礼儀正しく／とても爽やかで、「なんと素晴らしい」人材だと感じた。若いのに“頭の中が整理され”、“明確な目標と達成に向けた計画”を持ち合わせた人材でもある。私の25歳（今から45年ほど前）頃と比較すると雲泥の差を感じると同時に、自ら立案、着実に成果を出す若い

人は、最近ではとても珍しいと感心するばかりだった。
今日まで素晴らしい人達に恵まれ、教育されてきたのだ
ろうと推測する。

　参考までに伝えたいのは、①学び、仕事するところの
風土／環境の良し悪し、②特に就職当初の風土／環境の
良し悪しが、その人の将来を左右すると言っても過言で
はない。

資格取得チャレンジ

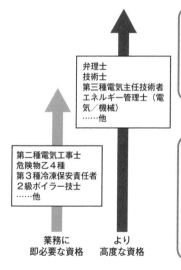

取って欲しい資格取得

比較的安易な **"業務に即必要な資格"** と取得困難
な **"より高度な資格"** を同時並行で勉強〜取得
して欲しい。

参考）各種資格の難易度はインターネットなど
　　　で検索し、"目指すスキル" とマッチした
　　　資格を探す。

取得の心得

1）取得安易な資格 → 取得困難な資格……のよ
　　うに順序立ててチャレンジすれば、日数／時
　　間 が足りない。
2）一回のチャレンジで "確実に合格" すること。
　　特に、取得安易な資格取得に手間取っていれ
　　ば高度な資格には絶対合格できない。
3）ex. 電験三種チャレンジ 〜 続けて、エネ管
　　（電気）……のような高効率な受験スケジュー
　　ル立てを考える。

弁理士
技術士
第三種電気主任技術者
エネルギー管理士（電
気／機械）
……他

第二種電気工事士
危険物乙４種
第３種冷凍保安責任者
２級ボイラー技士
……他

業務に
即必要な資格

より
高度な資格

【事例 - 8】

　聞いた話の一例を紹介する。

鹿児島県のとある高校生がガソリンスタンドでアルバイトをしていて、電気工事会社の車が給油に来るたび、「いずれの車内もいつも綺麗に整理整頓されているな」と思っていた。高校生が就職時期を迎え、「就職するなら、あの電気会社にしたい」と思い、母親を伴って会社訪問した。20名程度の小規模企業でこれまで新卒者入社など考えてもいなかったので“社長もビックリ”。無理なく整理整頓されているのを“どこで、誰が見ているか分からない”のである。我々も常日頃から心の籠った整理整頓が役立つ……と信じ実践し続けてほしい。

　当項『計画立てて武装する』のまとめを記述する。
ⅰ）人より秀でたスキル（＊）を身に付けておく
　　（＊）勤めている企業、さらには社外的に通用する専門
　　　　性・高位資格の取得。
ⅱ）マネジメント業務に就いた際に力量（＊）が分かる
　　（ばれる）。
　　（＊）課題発見力と行動実践力、咄嗟の判断や指示力の
　　　　良否。
ⅲ）上司からの情報、顧客からの情報、メーカー情報などは信憑性を確認する（裏付ける）。人を疑うわけではないが、場合によっては「ある側面しか見ていない」ケース、あるいは貶めようとしている……かも知れない。

ⅳ）仕事場の整理整頓、自分の机上整理、家庭において
自分の室・机上の清掃／整理／整頓に心掛ける。理
由は整理整頓する訓練をして癖をつければ、"仕事
の段取り"、"仕事の進め方"、"優先順位の付け方"、
"まとめ方"などに役立つ。私からの忠告は、「会社だ
け上手くやる」いわゆる"外面だけ上手くやる（繕
う）"のはすぐに化けの皮が剝がれる。家の中から、
すなわち心の内から清めるように習慣付けてほしい。

ⅴ）毎日、新聞を読む癖をつける。世界／日本／経済等
の情報を得ることよりも"速読力"を養うのが目的
である。責任職・管理職になればドキュメント類を
読み、判断・決断せねばならない場面が多く、即座
に判断せねばならない。その訓練を今から養ってい
くのが目的だ。「一人暮らしで新聞購読していな
い」「新聞ではなく、スマホでニュース閲覧でも良
いか」との問いに対しては、「やはり新聞を読め」
である。速読力を養う目的だから、数日前の古新聞
を読んでも全く構わない。目的（速読スキル向上）
と手段（古い新聞でもOK）とを明確に。

4）マイペースで日々積み重ね

○ あれも、これも……学ばねばならないことがたく
さんあるが

○ 得手不得手、持ち得ている知識・性格……にも左

① あれも、これも……学ばねばならない項目がたくさんある。

② 得手不得手・持ち得ている知識・性格……にも影響される。

③ 焦らず、コツコツ積み重ねる。

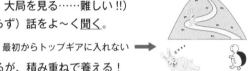

自分の成長をベース（まず第一）に、
会社の発展・成長・健全経営……etc. に資する

● <u>将来のビジョン（自分の人生設計）</u>を抱いておく。

● <u>今の仕事を一所懸命頑張る</u>（必ず役立つ時が来る）。

● <u>目標を高く</u>（低く設定すると、それ以上成長しない）。

● <u>客観的、クールな見方</u>を養う訓練をする。
  （小異にこだわらず、大局を見る……難しい !!）

● （顧客、同僚、に拘らず）話をよ〜く<u>聞く</u>。

　　　　　　最初からトップギアに入れない ➡

何れも難しいことであるが、積み重ねで養える！
必ず芽が出る！　　（いい時、嫌な場面、……いろいろ経験です）
決して<u>焦らず</u>、長い人生、**コツコツ（最重要）** 取り組んで下さい。

　　　右されるかも知れないが

　焦らず／コツコツ日々努力を積み重ねるのが非常に大
切であり、自分の成長を優先して取り組めば、結果的
に企業の発展／健全経営……に資することとなる。

　そのために、

● 将来のビジョン（自分の人生設計）を抱いておく

● 今の仕事を一所懸命マスターする（必ずや役立つ
　時がくる）
　注）「頑張る」という言葉は好きではないので「マ
　　　スターする」に代えた

● 目標を高く（低く設定すると、それ以上成長しな
　い。少々無理でも高く設定を）

● 客観的／クールな見方（俯瞰）を訓練する、小異
　に囚われず、大局を見る
● 最初からトップギアに入れず、スローで良いから
　継続することがとても大切である
ウサギと亀の昔話を思い浮かべるが、「亀に勝たせて
やりたい」し、「亀が勝ってほしい」ものである。

　最後に、日々心がけてほしい取り組みを順不同／箇
条書きにて整理する。個人個人 "家庭環境" "考え方
（ポリシー）" に応じて取捨選択／モディファイしてい
ただければ結構かと思う。
① 学歴の偏差値と業務・創造力の偏差値には必ずし
　も相関がない。
② 仕事には納期（締め切り）と品質（内容）とがあ
　るが、優先すべきは納期である。
③ 今在籍している職場・仕事を大切に、しっかりマ
　スターする。MEMO作りも有効。
④ （よろしくない）職場風土に感化されない（環境
　は非常に重要かつ怖い）。
⑤ 目標は高く（目先の低い目標は成長を妨げる。例
　えば高レベルな資格取得を目指すなど）。
⑥ 報・連・相は "上司への義務" だけではなく、"効
　率よくこなす" のに加え、"自己保身" にもなる。
⑦ 何事も自分で確認／裏取りに心掛ける。

⑧ 難しい行動だが、"俯瞰して観る"、"客観的かつ冷静に観る"。

⑨ 言われたこと／指示事項／定例業務だけでなく、トピックス的／特例業務／プロジェクトなどあれば、積極的参加や率先取り組みし、種々吸収する。

⑩ 自分の将来のために投資する（多種多様な情報を見つけ、効率的かつ費用を抑える）。

⑪ 将来設計／生活設計を考える。

⑫ 新聞を毎日読む……速読術を磨くのが目的ゆえ、過日紙でも良い。

⑬ 家庭にて"自分の机上""自分の部屋（なければその他部屋）"を整理整頓する……物事の進め方／業務のまとめ方に役立つ。

⑭ いかなる業務もほぼ全てが「法律」「規定」に準じていることを忘れずに。

⑮ 最後に、継続は力なり。努力は報われる（そうあってほしい）。

6. あとがき

　10年前から社員教育に携わり、特に新卒社員への教育はおよそ100名ぐらいに達する。その他キャリア入社向け教育もほぼ毎月おこなってきたが、本書内容の教育は新卒社員だけをターゲットとしたものである。これまでの成果を振り返れば、3名の新卒社員が"教えを自分なりに組み立て逐次目標を達成している"ことから執筆を思い立った次第である。「たった3名か？」と言われそうだが、成果を現すまでに最低4、5年はかかるのを考慮すれば、およそ60名の受講者から3名の確率でアウトプットを出してくれたことになる。そう考えれば「それなりの成果を出せた」と自負している。

　私の略歴は、著者プロフィールを参照してほしいが、1971年に退職した理由は偏に家庭事情であった。そして1975年に大阪ガスに再就職したが、中途採用ではなく4月入社、それも年齢制限ギリギリの26歳で再就職した。大阪ガス在職を経て、グループ企業（現在の大阪ガスファシリティーズ）に移籍して13年を迎える。移籍当時から社員育成に注力する風潮が強まりスキル醸成教育や保安教育に就き、尽力してきたつもりである。現在も全社を挙げて重点課題として継承されている。

　社員教育は人事総務部署（汎用的な教育）とスキル醸

成部署（実務に特化した教育）とが一体となって取り組んでいる。10年強ほど前、教育に注力し始めた頃は、①社外講師を招聘しての導入教育（一般的、汎用的なカリキュラム）と②社内講師が専門分野を教える……の大きく2本立てであった。私の50年弱のサラリーマン経験から通り一遍の教育内容だけでは「何か足りない」「肝心な教育をしたい」と感じ、（新人皆が）若いうちに将来計画・人生設計（少々大袈裟な表現だが）を考えさせてあげたいと思い、特別な内容（カリキュラム）を伝えようと一念発起。10年前から『取り組み姿勢』なる伝達教育をスタートし始めた。その教育内容は私の"成功例""失敗例（後悔例）"を始め、"業務を共にしたメンバー達の実話"をも紹介したものである。

　伝授し始めて5、6年経過した頃、「入社当初に貴方から聴いた話を心に刻み、計画を立て努力してきて良かったです」との言葉を聞くようになった。「やってきたことに間違いなかった……」と確信し、70歳超の老体に鞭打ち執筆に至った。嬉しい言葉を掛けてくれたのは1人ではなく、3人にもなると、偶然ではなく必然だと確信すると共に「良かった」と感じた。

　また、当該教育は入社時の4月と半年経過後の10月の2回伝授している。理由は簡単、①入社当初は右も左も分からないが②入社半年も経てば伝える内容も理解してくれるだろう……との思いからである。当然、新卒社員

皆が"内容を咀嚼し""実践してくれる"とは思っていない。大半が「毎日平穏に過ごせれば良い」「出世の可能性ある大卒者だけ頑張ったら良い」、さらには「どうせ親の会社を継ぐから関係ない」などなどだろうと予測して当該教育をスタートした。ただ「一人でも役立ててくれれば成功だ」と半信半疑でスタートさせた。意に反して数名、すなわちＮ＝３の発生事象は偶然ではないと確信を持てた。

逆に現実を考えれば、"新卒社員全員が立派に成長しても""皆が皆、出世できない"だろう。企業、いやいかなる組織もピラミッド型で構成されているからこそ、"明確な上下関係""指揮命令"の下、そのポジションにマッチした業務が上手く遂行されるものだ。ただ「あの時、しておけば良かった」との後悔を感じないよう、かつ納得できる将来を送ってほしい一念で教育を始めた。

個人個人、「家庭環境」「家族構成」「健康状態」「野望の持ち方」に応じて、自分にマッチした将来の計画を描き、その目標に向かって努力してほしい。「努力せよ」と言いながらネガティブな現実話をするが、目標の50％以上を達成すればそれなりに「合格、成果あり」と判断できる。私などその都度その都度、チャレンジを試みたが「ほぼことごとく断念」してきた。思い返せば「将来像、どうなりたい」との構想なしに取り組んできたためだと反省している。そういう反省をしてほしくな

いから伝えたいのだ。

　加えて将来を想像し、新しいテクノロジー展開のために、"メタバース的な考え方"を活用するのも面白いかもしれない。

　手前味噌になるが「本書のような教育・伝授をしてくれる機会も企業も少ないorないかも知れない」と思っている。大手企業にもなれば教育・伝達できる人材は潤沢に在籍するだろうが、そのような"ある意味ノウハウ的な話"は誰もオープンにしたくない……のだろうと推測する。

　さらに、それぞれ企業の"業態""社風"に見合った"カリキュラム"、"教育内容"を吟味、実践すれば良いし、逆にそうするべきだと思っている。

　最後にこの本を書くにあたって、いろいろとご指導いただいた文芸社のスタッフに深く感謝申し上げます。

　また、出版することに後押しをしてくれた妻に感謝したい。

私のMEMO

著者プロフィール

田中 一男（たなか かずお）

1948年12月生まれ、大阪府大阪市出身、同府在住
1971年3月　関西大学工学部機械工学第二学科卒業
同年4月　石川島播磨重工業株式会社（現・IHI）入社
1973年3月　退社
同年4月　関西大学大学院工学研究科入学、1975年3月　卒業
1975年4月　大阪ガス株式会社入社
主に、化学プラントの設計・建設・操業管理、コジェネレーションの
商品開発、地域熱供給の操業管理に携わる
2010年4月　株式会社大阪ガスファシリティーズ入社
安全管理部署、人材育成部署に従事
全国ビルメンテナンス協会所属
甲種ガス主任技術者、甲種高圧ガス製造保安責任者（機械）、
エネルギー管理士（熱）、臭気判定士

1971年3月　畠山賞受賞（日本機械学会）

新卒・新人へのヒント　『取り組み姿勢』

2023年3月15日　初版第1刷発行

著　者　田中 一男
発行者　瓜谷 綱延
発行所　株式会社文芸社
　　　　〒160-0022　東京都新宿区新宿1−10−1
　　　　　　　　　　電話 03-5369-3060（代表）
　　　　　　　　　　　　　03-5369-2299（販売）

印刷所　株式会社フクイン

©TANAKA Kazuo 2023 Printed in Japan
乱丁本・落丁本はお手数ですが小社販売部宛にお送りください。
送料小社負担にてお取り替えいたします。
本書の一部、あるいは全部を無断で複写・複製・転載・放映、データ配信する
ことは、法律で認められた場合を除き、著作権の侵害となります。
ISBN978-4-286-29070-6